# L'homme qui a volé

une salle de réunion, 1878, tiré des "Obligations à coupons"

JT Trowbridge

**Writat**

Cette édition parue en 2023

ISBN : 9789359252971

Publié par
Writat
email : info@writat.com

# L'HOMME QUI A VOLÉ UNE MAISON DE RÉUNION

## Par JT Trowbridge

Lors d'un récent voyage dans les régions pétrolières de Pennsylvanie, je me suis arrêté un soir avec un compagnon de voyage dans un village qui venait d'être plongé dans un tumulte d'excitation par les exploits d'un voleur de chevaux. Alors que nous étions assis autour du foyer de la taverne, après le dîner, nous entendîmes discuter en détail les détails de la capture et de l'évasion du voleur ; puis suivirent de nombreuses autres histoires de vols et de vols, racontées au milieu de bouffées de fumée de tabac ; jusqu'à ce que, à la fin d'une histoire passionnante, l'un des indigènes se tourna vers ma connaissance voyageuse et, avec un large rire, lui dit : « Kin, tu as battu ça, étranger ?

« Eh bien, je ne sais pas – peut-être que je pourrais le faire si j'essayais. Je n'ai jamais été victime d'un vol de chevaux aussi grand que celui dont vous parlez, mais j'ai connu un homme qui a volé une salle de réunion.

« J'ai volé une maison de réunion ! Cela va un peu au-delà de tout , a fait remarquer un autre honnête villageois. « Vous ne voulez pas dire qu'il l'a volé et emporté ?

« Je l'ai volé et je l'ai emporté », répéta sérieusement mon compagnon de voyage en croisant les jambes et en posant son bras sur le coin de sa chaise. « Et plus que tout cela, je l'ai aidé. »

– Comment est -ce arrivé ? Car vous-même, vous ne ressemblez pas beaucoup à un voleur. Tous les regards étaient désormais tournés vers mon ami, un simple agriculteur de la Nouvelle-Angleterre, dont l'apparence honnête et le discours franc imposaient le respect.

«J'étais son homme de main et j'agissais sur ordre. Il s'appelait Jedwort – le vieux Jedwort , comme l'appelaient les garçons, même s'il n'avait pas plus de cinquante ans lorsque s'est produite cette petite circonstance tordue dont je vais raconter une histoire aussi honnête que possible, si la société souhaite l'entendre.

« Sartin , étranger ! sartin ! à propos du vol de la maison de réunion ! » » sonna à deux ou trois voix.

Mon ami s'éclaircit la gorge, remit ses cheveux derrière ses oreilles et, avec un visage grave et lisse, mais avec un scintillement joyeux dans ses yeux gris et astucieux, il commença ainsi :

« Jedwort , j'ai dit que son nom était; et je n'oublierai jamais à quoi il ressemblait un matin particulier. Il se tenait appuyé contre la porte d'entrée — ou plutôt contre le poteau, car la porte elle-même était une telle entrave sur laquelle un enfant n'aurait pas pu s'appuyer sans la briser. Et Jedwort n'était pas un enfant. Pensez à un homme trapu, courbé, aux jambes de canard, avec un dos montagneux, évoquant fortement un sac de farine sous sa chemise, et vous l'avez. Cette eau imaginaire devenait de plus en plus lourde, et il se courbait de plus en plus sous elle, depuis quinze ans et plus, jusqu'à ce que sa tête et son cou sortent d'entre ses épaules comme ceux d'une tortue de sa carapace. Ses bras pendaient pendant qu'il marchait, presque jusqu'au sol. Courbé avec les coudes vers l'extérieur, il regardait tout le monde, de face, comme un point d'interrogation dandiné enfermé dans une parenthèse. Si l'homme a jamais été un quadrupède, comme j'ai entendu certains le dire, et est passé progressivement de quatre pattes à deux, il doit y avoir eu une époque, très tôt dans son histoire, où il se comportait comme le vieux Jedwort .

« La porte avait été une très bonne porte à l'époque. C'était même une porte distinguée lorsque Jedwort entra en possession des lieux en épousant sa femme, qui en hérita de son oncle. C'était il y a une vingtaine d'années, et depuis, tout était en ruine.

« Jedwort lui-même était en train de se ruiner, moralement parlant. C'était un homme moyennement honnête quand je l'ai connu pour la première fois ; et j'estime qu'il devait y avoir quelque chose de plus que commun chez lui, sinon il n'aurait jamais pu avoir une telle épouse. Mais il arrive parfois que les femmes se marient de manière inexplicable. J'ai connu des types carrément laids et désagréables avec qui travailler, jusqu'à ce qu'ils finissent par avoir une jolie fille fascinée par quelque chose en eux que personne d'autre ne pouvait voir, et ensuite l'épouser malgré tout ; — comme vous avez peut-être vu. un magnétiseur sur scène fait faire à ses sujets ce qu'il veut, ou un serpent noir charme un oiseau. Parlez de femmes qui se marient les yeux ouverts, dans de telles circonstances ! Ils ne se marient pas les yeux ouverts : ils sont endormis, en un sens, et ne sont pas plus qu'à moitié responsables de ce qu'ils font, s'ils le sont. Se pose alors la question qui a intrigué les têtes plus sages que n'importe laquelle d'entre nous ici, et qui intriguera encore davantage, jusqu'à ce que la société soit différente de ce qu'elle est aujourd'hui : à quel point une femme raffinée et sensible est vouée à souffrir d'un maître grossier et dégoûtant, légalement. » a appelé son mari, avant qu'elle ait le droit de rompre une mauvaise affaire à laquelle elle a à peine contribué. J'ai été assis ici ce soir et j'ai entendu parler d'hommes obtenant des marchandises sous de faux prétextes ; vous avez raconté d'étonnantes histoires, messieurs, sur des coquins volant des chevaux et des traîneaux ; et je vais vous parler de l'homme qui a volé un lieu de réunion ; mais, en fin de compte, je suppose qu'il se trouvera un vol plus extraordinaire que tout ce qui se passe souvent sous nos yeux, et que personne n'y prête attention. Il existe une chose telle, messieurs, que d'acquérir des cœurs sous de faux prétextes . Il existe une chose telle qu'un homme vole sa femme.

« Je parle avec émotion à ce sujet, car j'ai eu l'occasion de voir ce que Mme Jedwort a dû supporter de la part d'un homme qu'aucune femme de sa trempe ne pouvait faire autre chose que détester. Elle était la créature la plus patiente que vous ayez jamais vue. Elle était même trop patiente. Si j'avais été attaché à un tel petit, je pense que j'aurais cultivé les qualités belles et bienveillantes d'un chat sauvage ; il y aurait eu un bon combat, et l'un de nous aurait vécu, et l'autre serait mort, et cela aurait été la fin. Mais Mme Jedwort a porté et porté des misères indicibles et un grand nombre d'enfants. Elle en avait neuf, et trois étaient sous le gazon et six au-dessus lorsque Jedwort s'est enfui avec la maison de réunion par le chemin que je vais vous raconter. Il y avait Maria, la fille aînée, une image parfaite de ce qu'était sa mère à dix-neuf ans. Puis il y avait les deux garçons, Dave et Dan, de bons jeunes gens, malgré leur père. Puis vinrent Lottie, Susie, puis Willie, un petit enfant de quatre ans.

« C'était incroyable de voir ce que la mère ferait pour que sa famille ait une apparence décente avec le peu de moyens dont elle disposait. Car Jedwort était la vis la plus serrée jamais vue. C'était l'avarice qui l'avait gâté et qui avait failli le transformer en bête. Les garçons disaient qu'il était devenu tellement courbé qu'il cherchait des sous dans la terre. C'était vrai de son esprit, sinon de son corps. C'était un homme pauvre et un homme assez respectable lorsqu'il épousa sa femme ; mais à peine était-il entré en possession d'un petit bien qu'il devenait fou d'en avoir davantage.

« Il y a beaucoup d'hommes dans le monde, que personne ne considère comme des monomanes, qui sont fous de cette manière-là. Ils sont tous favorables à accumuler de l'argent, à se priver du confort et à priver leurs familles des avantages de la société et de l'éducation, rien que pour ajouter chaque année quelques dollars à leur trésor ; et ainsi ils continuent jusqu'à leur mort et le laissent à leurs enfants, qui seraient bien mieux lotis si un peu plus avait été investi dans la culture de leur esprit et de leurs manières, et moins dans les actions et les obligations.

« Jedwort n'était qu'un de ces hommes, même s'il portait peut-être un peu à l'excès le défaut dont je parle. Un dollar lui paraissait si gros, et il le tenait si près, qu'à la fin, il ne pouvait plus voir grand-chose d'autre. Peu à peu, il perdit tout respect pour la décence et l'opinion de son prochain. Ses enfants allaient pieds nus, même après qu'ils soient devenus des garçons et des filles formidables, parce qu'il était trop méchant pour leur acheter des chaussures. C'était pitoyable de voir une fille gentille et intéressante, comme Maria, se promener ainsi pendant que son père entassait son argent à la banque. Elle voulait aller à l'école, apprendre la musique et devenir quelqu'un ; mais il ne voulait pas garder une fille à gages, et elle était donc obligée de rester à la maison et de faire le ménage ; et elle n'aurait pas plus pu lui soutirer un dollar pour payer ses vêtements et ses études, pas plus qu'on n'aurait pu extraire la sève d'un manche de houe.

« La seule façon pour sa femme d'obtenir quelque chose de nouveau pour la famille était de voler du beurre dans sa propre laiterie et de le vendre dans son dos. « Vous n'avez pas besoin de dire quoi que ce soit à M. Jedwort à propos de ce lot de beurre », insinuait-elle au commerçant ; mais vous pouvez me remettre l'argent, ou je prendrai mon salaire en marchandises. De cette façon, une nouvelle robe, ou un morceau de tissu pour les manteaux des garçons, ou quelque chose d'autre dont la famille avait besoin, était introduit clandestinement dans la maison, avec crainte et tremblement à l'idée que le vieux Jedwort ne fasse une polémique et ne découvre d'où venait l'argent. .

« L'intérieur de la maison était parfaitement rangé ; mais tout autour semblait terriblement immuable. Il a été construit à l'origine dans un style ambitieux et peint en blanc. Elle avait quatre hauts piliers de façade, soutenant la partie du toit qui dépassait le porche, soulevant les sourcils de la maison, si je puis m'exprimer ainsi, et donnant l'impression qu'elle allait éternuer. La moitié des stores étaient détachés de leurs gonds et le reste claquait au vent. Le seuil de la porte d'entrée était pourri. Le porche avait autrefois un bon sol, mais pendant des années, Jedwort avait pris l'habitude d'y aller chaque fois qu'il voulait une planche pour la porcherie, jusqu'à ce qu'il ne reste plus un morceau de sol.

«Mais j'ai commencé à parler de Jedwort appuyé contre la porte ce matin-là. Nous l'avions tous remarqué; et pendant que Dave et moi apportions le lait, sa mère a demandé : « Qu'est-ce que ton père prévoit maintenant ? La moitié du temps, il reste là, regardant la route ; ou bien il marche par ici dans un bureau marron.

« 'Il a un œil sur le vieux lieu de réunion', dit Dave en posant son seau. « Il l'observe et s'en promène de temps en temps depuis une semaine.

« C'est la première fois que j'ai eu une idée de ce que faisait ce vieil homme. Mais après le petit-déjeuner, il m'a suivi hors de la maison, comme s'il avait quelque chose en tête à me dire.

« 'Stark', dit-il enfin, 'vous avez toujours insisté sur le fait que je n'étais pas un homme entreprenant .'

« Je n'insiste pas encore, dis-je ; car j'avais l'habitude de lui parler très clairement et de le plaisanter assez fort parfois. « Si j'avais cette ferme, je vous montrerais l'esprit d'entreprise. Vous ne verriez pas les porcs dans le jardin la moitié du temps, juste faute d'une bonne clôture pour les empêcher d'entrer . Vous ne verriez pas la meilleure bande de terre déserte, simplement faute de fossé. Vous ne verriez pas ce mur de pierre au bord de la route s'effondrer année après année, jusqu'à ce que peu à peu vous ne puissiez plus le voir à cause des mauvaises herbes et des chardons.

« Oui, dit-il sarcastiquement, vous dépenseriez dix fois plus d'argent pour cet endroit que vous n'en auriez jamais récupéré , je n'en doute pas. Mais je crois à l'économie.

« Cela m'a un peu provoqué et j'ai dit : « Économie ! Vous êtes du genre à écorcher un silex pour six pence et à abîmer un couteau qui vaut un shilling. Vous gaspillez suffisamment de fourrage et de céréales tous les trois ans pour payer une grange plus grande, sans parler des inconvénients.

« 'Wal, Stark', dit-il en souriant et en se grattant la tête, 'j'ai décidé d'avoir une grange plus grande, si je dois en voler une.'

« Ce ne sera pas non plus la première chose que vous volerez, dis-je.

« Il s'est enflammé à ça. 'A volé?' dit-il. « Qu'est-ce que j'ai volé ? »

« Eh bien, d'abord, les rails de la crue printanière du printemps dernier ont dérivé des terres de Talcott sur les vôtres, et vous les avez attrapés : qu'est-ce que c'était, à part voler ? »

« C'était de la chance. Il ne pouvait pas jurer sur ses rails. À propos, ils vont entrer en jeu maintenant.

« 'Ils sont déjà entrés en jeu', dis-je. 'Ils ont envahi les vieilles clôtures partout dans la ferme, et je pourrais en utiliser mille de plus sans trop de spectacle.'

« C'est parce que vous êtes tellement extravagants avec les rails, comme vous l'êtes avec tout le reste. Quelques charges peuvent être épargnées par les clôtures ici et là, mais aussi non. Attelez l'attelage, les garçons, et rassemblez-vous suffisamment pour faire une dizaine de tiges en zigzag, hautes de deux rails.

« 'Deux rails ?' dit Dave, qui avait un mépris sain pour la façon étroite et contractuelle de faire les choses du vieil homme. « À quoi sert une telle clôture ?

« Ce sera, dis-je, comme la mesure unique en musique. Lorsque notre ancien maître de chant a demandé un jour à sa classe ce qu'était une barre unique, Bill Wilkins a pris la parole et a répondu : « C'est une barre par-dessus laquelle les chevaux et le bétail sautent, et sous laquelle courent les porcs et les moutons. »

« Que comptez-vous garder à l'écart avec deux rails ? »

« 'La *loi* , les garçons, la *loi* ', dit Jedwort . «Je sais de quoi je parle. Je ferai une clôture sous laquelle la *loi* ne pourra pas passer ni sauter ; et je m'en fiche du bétail et des porcs. Vous installez les rails, et j'arracherai quelques planches de la porcherie pour faire des piquets.

« Les planches ne servent à rien pour les enjeux », déclare Dave. "D'ailleurs, personne ne peut être épargné dans la porcherie."

« 'J'aurai assez de planches dans un jour ou deux pour quarante porcheries', dit Jedwort . "Amenez les rails et jetez- les sur la route pour le moment, et ne dites rien à personne."

« Nous avons obtenu les rails et il a fait ses mises ; et aussitôt après le dîner, il nous a appelés. « Venez, les garçons, dit-il, maintenant nous allons étonner les indigènes.

« Le wagon se trouvait sur la route, avec les derniers rails toujours dessus. Jedwort a empilé ses pieux et a lancé le pied-de-biche et la hache pendant que nous attelions l'attelage.

« 'Maintenant, continue, Stark', dit-il.

"'Oui; mais où dois-je conduire ?

« 'À l'ancienne maison de réunion ', dit Jedwort en marchant péniblement.

« L'ancienne maison de réunion se trouvait sur un terrain commun ouvert, à l'angle nord-est de sa ferme. Deux carrefours la délimitaient sur deux côtés ; et elle était délimitée aux deux autres par le mur de pierre envahi par la végétation de Jedwort . C'était un bâtiment carré, à l'ancienne, avec un clocher bas, un clocher, mais pas de cloche, et avec une chaire haute et carrée et de hauts bancs à dossier droit à l'intérieur. Il y avait déjà quelque temps que des réunions n'y avaient pas eu lieu ; l'ancienne société qui s'y réunissait s'était séparée, une division construisant une chapelle à la mode dans le Village Nord, et l'autre une belle nouvelle église au Centre.

« Or, la particularité de l'ancienne propriété de l'église était que personne n'y possédait de titre légal. Une maison de réunion en rondins y avait été construite lors de la première colonisation du pays et la terre ne comptait pas. Au fil du temps, cette maison a été démolie et une bonne maison à ossature a été construite à sa place. Comme elle appartenait à toute la communauté, aucun titre, ni sur la maison ni sur la terre, n'a jamais été enregistré ; et ce n'est qu'après la dissolution de la société que s'est posée la question de savoir comment disposer des biens. Pendant que les vieux diacres réfléchissaient soigneusement à la question, Jed-wort était là pour régler le problème en présentant sa réclamation.

« 'Maintenant, les garçons', dit-il, 'vous voyez ce que je fais.'

« 'Oui', dis-je, aussi provoqué que je puisse l'être par ce mauvais tour, 'et je savais que c'était un tel méfait depuis le début. Vous ne montrez jamais d'entreprise, comme vous dites, à moins que ce ne soit pour faire démarrer un voisin. Alors vous êtes bien éveillé ; alors vous êtes occupé comme le diable dans un coup de vent.

« Mais qu'est-ce que *tu* fais, papa ? » dit Dan, qui n'a pas encore vu le truc.

« Le vieil homme dit : 'Je vais ' clôturer le reste de ma ferme.'

« 'Quelle partie de repos ?'

« Cette partie qui n'a jamais été clôturée ; la vieille maison commune.

« 'Mais, papa', dit Dave, dégoûté comme je l'étais, 'tu n'as aucun droit là-dessus.'

« 'Wal, si je ne l'ai pas fait , je ferai une réclamation. Donnez-moi le pied-de-biche. Maintenant, voici le coin, aussi près que je peux plisser les yeux ; et il a enfoncé la barre dans le sol. "Faites une clôture ici à partir du mur, des deux côtés."

« ' Sho , papa !' dit Dan, l'air perplexe ; 'oui, non Tu vas clôturer la vieille maison de réunion , n'est-ce pas ?

« C'est en plaisantant ce que je vais faire . Allez chercher de gros étourdissements sur le mur, les plus gros que vous puissiez trouver, pour appuyer les coins de la clôture. Enfile les rails le long de la route, Stark, et va chercher un autre chargement. Ne restez pas bouche bée ! »

« ' *Gawpin* ' ? " dis-je ; "C'est suffisant pour que n'importe qui reste *bouche bée* ." Vous avez battu toutes les créatures auxquelles j'ai jamais eu affaire. N'avez-vous pas déjà assez déshonoré votre famille, sans voler un lieu de réunion ?

« 'Comment ai-je déshonoré ma famille ?' dit-il.

«Ensuite, je le lui ai proposé. « Regardez vos enfants ; c'est tout ce que votre femme peut faire pour les empêcher de grandir dans les haillons, la saleté et l'ignorance, parce que vous êtes trop avare pour les vêtir décemment ou les envoyer à l'école. Regardez votre maison et votre cour. Voir la cabane d'un Irlandais dans un tel état semble assez approprié, mais un endroit distingué, une maison avec des piliers, délabrée et détruite comme celle-là, est une horreur pour la communauté. Alors regarde ta femme. Vous n'auriez jamais eu de propriété à mal gérer sans elle ; et voyez la façon dont vous montrez votre gratitude pour cela. Vous ne la laisserez pas aller en compagnie, ni avoir de compagnie à la maison ; vous ne permettez pas à une fille engagée d'entrer dans la maison, mais elle et Maria doivent faire toutes les corvées. Vous en faites de parfaits esclaves . Je le jure, sans votre femme, je ne travaillerais pas pour vous une heure de plus ; mais c'est la meilleure femme du monde, après tout ce que tu as fait pour lui briser le moral, et je déteste la quitter.

« Le vieil homme s'est tortillé et a enfoncé le pied-de-biche dans le sol, puis a rétorqué : 'Oui ! tu attends que je meure ; alors tu veux me mettre à ma place.

"'J'espère que vous aurez une paire plus décente que celle que vous portez, si je veux y entrer" , dis-je.

« 'Une chose à ce sujet', dit-il, 'elle ne veut pas de vous.'

« Je devrais penser, dis-je, qu'une femme qui vous épouserait aurait « presque n'importe qui ».

« Nous avons donc fait des allers-retours, jusqu'à ce que peu à peu il m'a laissé dérailler et est allé montrer aux garçons comment construire la clôture.

« 'Regardez ici', dit-il ; "Je plaisante, mets un gros étourdissement à chaque coin ; puis posez votre rail dessus ; puis enfoncez votre paire de pieux dessus comme une lettre X.' Il en conduisait une paire. « Maintenant, enfilez votre cavalier. Voilà votre lettre X, chevauchant une longueur de rails et en portant une autre. C'est ce que j'appelle mettre votre alphabet à profit ; et je dis que cela n'a aucun sens d' avoir plus d'éducation que ce que vous *pouvez* mettre en pratique. J'ai assez appris pour me débrouiller dans le monde ; et si mes garçons en ont autant que moi, ils s'en sortiront . Maintenant, travaillez vite, car voici le diacre Talcott.

« 'Wal, mur', dit le diacre en s'approchant, soufflant d'excitation ; « Qu'est-ce que vous faites à la vieille maison de réunion ?

« 'Wal', dit Jedwort en s'éloignant vers ses pieux et sans jamais lever les yeux, 'je réfléchis depuis quelque temps à ce que je devrais en faire , et j'ai décidé d' en faire une grange .'

« 'Fais une grange ! fais une grange ! s'écrie le diacre. « Qui vous donne la liberté de faire une grange de la maison de Dieu ? »

"'Personne; Je prends la liberté. Pourquoi ne ferais-je pas ce que je veux de ma propre propriété ?

« Votre propre propriété – que voulez-vous dire ? " Ce n'est pas ton rendez-vous à la maison. "

« À qui appartient-il , si ce n'est pas le mien ? » dit Jedwort en soulevant sa tête de tortue entre ses épaules horizontales et en souriant au visage du diacre.

« 'Cela appartient à la société', dit le diacre.'

« Mais la société scientifique a augmenté ses enjeux et s'est enfuie. »

« Il appartient aux individus de la société, aux individus . »

« 'Wal, je suis un individu ', dit Jedwort .

"'Toi! tu n'es jamais allé te rencontrer ici une douzaine de fois dans ta vie !

« 'Je n'ai jamais eu ma part des anciennes rencontres à la maison, c'est un fait', dit Jedwort ; 'mais je vais me rattraper maintenant.'

« Mais pourquoi clôturez -vous la commune ? » dit le diacre.

« 'Ça fera un bon pâturage pour veaux ' . Je n'ai jamais eu ma part de cette vallée non plus. Je n'ai pas laissé courir assez longtemps les cochons et les bestioles de mes voisins ; et maintenant je plaisante je vais prendre possession des miens.

"'Le tien!' » dit le diacre tout à fait consterné. "Vous n'avez aucun acte là-dessus ."

« 'Wal, n'est-ce pas ?'

« Non… mais… la société… »

« La société , je vous le dis », dit Jedwort , levant la tête plus longtemps que je ne l'ai jamais vu à la fois et souriant tout le temps au visage de Talcott : « la société est divisée. en morceaux. Il n'y a plus de société maintenant – et un cochon est un cochon une fois qu'on l'a abattu et qu'on l'a tué. Vous avez été le cochon parmi vous et vous m'avez laissé l'enclos. La société n'a jamais eu d'acte de propriété à ce sujet ; et aucun homme n'a jamais eu un acte à ce sujet propriété . Le grand-père de ma femme , lorsqu'il a pris possession des terres ici, était un homme de bonne humeur, et il a laissé un coin à ses voisins pour qu'ils y installent un toit provisoire . réunion à la maison. Cela fut finalement épuisé – le genre de « prédication » qu'ils avaient ces jours-là était suffisant pour épuiser en peu de temps n'importe quelle maison qui n'était pas à l'épreuve du feu ; et quand cela fut mis en pièces, ils bâtirent un autre abri à la place. Ça y est. Et maintenant que le terrain n'est plus utilisé aux fins pour lesquelles il a été prêté, il retourne naturellement au domaine sur lequel il a été pris, et le bâtiment est avec lui.

« 'C'est une pure invention', dit le diacre. "Cette terre n'a jamais fait partie de ce qui est aujourd'hui votre ferme, pas plus qu'elle ne faisait partie de la mienne."

« 'Wal', dit Jedwort , 'je vois les choses à ma manière, et tu as parfaitement le droit de le voir à ta manière. Mais je vais m'assurer de mon chemin en mettant une clôture autour de la coque.

« Et vous utilisez certains de mes rails pour le faire ! » dit le diacre.

« Pouvez-vous jurer que ce sont vos rails ? »

"'Oui je peux; ce sont les râles que la crue a emportés de ma ferme au printemps dernier et qui ont atterri sur la vôtre .

« Alors je vous ai entendu dire. Mais pouvez-vous jurer sur des rails particuliers ? Pouvez-vous jurer, par exemple, que c'est ici que votre rail est arrivé ? ou ceci "avant une heure?"

"'Non; Je ne peux pas jurer précisément sur ces deux-là… mais… »

« 'Pouvez-vous jurer sur ces deux-là ? ou à un ou deux ? dit Jedwort .
« Non, vous ne pouvez pas. Vous pouvez jurer sur tout le monde en général, mais vous ne pouvez pas jurer sur un rail en particulier , et ce genre de juron ne résistera pas à la loi, diacre Talcott. Je ne me vante pas d' être un homme instruit , mais je sais ce qu'est la loi, et quand je la connais, je suis une ligne là-bas, et je suis cette ligne, et j'oblige mes voisins à suivre cette ligne, Diacre Talcott. Neuf pintes de loi , c'est la possession, et je prendrai possession de cette maison et de ce terrain en les clôturant ; et même si tout le monde devrait dire ces « avant que les rails leur appartiennent, je vais le clôturer avec ces « avant même les rails ».

« Jedwort a dit cela en remuant sa vieille tête obstinée et en souriant, son visage tourné avec pugnacité vers le diacre ; puis il se remit au travail comme s'il avait réglé la question et ne souhaita pas en discuter davantage.

« Quant à Talcott, il était trop plein de colère et d'indignation bouillante pour répondre à un tel discours. Il savait que Jedwort avait réussi à prendre de l'avance sur lui en ce qui concerne les rails, en mélangeant quelques-uns des siens avec ceux qu'il avait volés, afin que personne ne puisse les distinguer ; et il comprit immédiatement que la maison de réunion risquait de prendre le même chemin, simplement faute d'un propriétaire qui jure un titre clair sur la propriété. Il fit ce qu'il y avait de plus sage en ravalant son dépit et s'enfuit en toute hâte pour alarmer les dirigeants des deux sociétés et consulter un avocat.

« Il va remuer la vieille ville comme un nid de bourdons », déclare Jedwort . « Dépêchez-vous, les garçons, ou il y aura un bourdonnement autour de nos oreilles avant que nous ayons fini ! »

« Je souhaite que tu ne le fasses pas, papa ! » » dit Dave : « Pourquoi ne pas nous occuper de nos propres affaires et être décents, comme les autres ? J'en ai marre de ce genre de vie.

« 'Arrêtez, alors', dit Jedwort .

« 'Est-ce que vous me dites d'arrêter ?' dit Dave en laissant tomber le bout d'un rail qu'il manipulait.

"'Oui je le fais; et faites-le vite, si vous ne pouvez pas montrer le respect qui convient à votre père !

«Dave est devenu blanc comme un drap et il a tremblé en répondant: 'Je serais heureux de vous montrer du respect, si vous étiez un homme pour lequel je pouvais ressentir du respect.'

« À ce moment-là, Jedwort saisit la barre de fer qui était enfoncée dans le sol, là où il avait fait un trou pour un pieu, et s'éloigna dessus. "Je vais faire un pieu en toi!" dit-il. « Il suffit d'avoir un employé impertinent dans les parages, sans se laisser « mordre par ses propres enfants !

« Dave était hors de portée au moment où la barre est sortie de terre.

« 'Viens ici, méchant !' dit le vieil homme.

« Je préfère être excusé », dit Dave en reculant. « Je ne veux pas qu'on me fasse des trous aujourd'hui. Vous m'avez dit d'arrêter, et je vais le faire. Vous pourriez voler vos propres lieux de réunion à l'avenir ; Je n'aiderai pas.

« Il y a eu une course courte. Les jeunes jambes de Dave se sont révélées trop intelligentes pour celles du vieux waddler , et il s'en est tiré. Puis Jedwort , revenant, sifflant et en sueur, avec sa barre de fer, se tourna sauvagement vers moi.

« J'ai une bonne idée de vous dire d'y aller aussi !

« 'Très bien, pourquoi pas ?' dis-je. « Je suis prêt.

« 'Il n'y a pas moyen de vivre avec toi, tu deviens tellement stupide et impertinent ! Ce pour quoi je vous garde est un mystère pour moi.

« Non, ce n'est pas le cas ; tu me gardes parce que tu ne peux pas trouver un autre homme pour prendre ma place. Vous supportez mon impertinence pour l'argent que je vous rapporte.

« Retenez votre bâillement, dit-il, et allez chercher un autre chargement de rails. Si vous voyez Dave, dites-lui de revenir travailler.

« J'ai vu Dave, mais, au lieu de lui dire de rentrer, je lui ai conseillé de quitter son ancienne maison et de gagner sa vie ailleurs. Sa mère et Maria étaient d'accord avec moi ; et quand le vieil homme est rentré à la maison ce soir-là, Dave était parti.

« Quand je suis revenu avec mon deuxième chargement, j'ai trouvé les voisins rassemblés pour assister au vol de l'ancienne salle de réunion, et Jedwort répondait à leurs remontrances.

« Une maison de réunion est un type de propriété respectable », dit-il. « Le clocher fera joli spectacle derrière ma maison. Quand les gens passent par là, ils s'arrêtent, regardent et disent : « Il y a un homme qui tient une réunion privée dans sa propre maison. Je peux aussi prêcher là - dedans , si je veux. Je peux embaucher mon propre pasteur, ou je peux prêcher moi-même et économiser les dépenses.

« Bien entendu, ni le sarcasme ni l'argumentation ne pourraient avoir d'effet sur un tel homme. Alors que les voisins s'éloignaient, Jedwort leur a crié : « Appelez encore . Content de vous voir. Il y aura plus de sport dans quelques jours, quand j'aurai enlevé cet idiot. (Ce qui était stupide, c'était le lieu de réunion.) « Je vous invite tous à voir le spectacle. Gratuitement. Ce sera bien comme un cirque, et un spectacle tarnal moins cher. Les femmes peuvent apporter leurs tricots et les filles leurs tatouages éternels . Comme ce sera un spectacle pieux, étant donné que c'est une maison de réunion , je suppose que je ferai sortir des avis des chaires le dimanche précédent.

« La commune était clôturée au coucher du soleil ; et le lendemain, Jedwort fit venir un déménageur du village du Nord pour voir ce qu'on pouvait faire du bâtiment. « Pouvez-vous le contourner et le laisser tomber hors de ma maison ? dit-il.

« Ce sera un travail difficile, dit le vieux Bob, sans que vous ayez démoli le premier clocher.

« Mais Jedwort a dit : « Qu'est-ce qu'une maison de réunion » sans un clocher ? J'ai un peu tout à cœur sur ce clocher, et je suis obligé de me concentrer sur cette affaire, avant de m'inquiéter, maintenant j'ai commencé.

« 'Je le jure', dit Bob en examinant les poutres, 'je ne le garantirai pas, mais le vieux truc va s'effondrer.'

« Je vais le demander à nouveau . »

"'Oui; mais qui risquera ma vie et celle de mes hommes ?

"'O, tu verras si c'est fiable je vais tomber et faire attention. Je m'en occuperai et mes garçons feront la partie la plus dangereuse du travail. Je serais stupide de ne pas accepter de monter dans le clocher et de sonner la cloche s'il y en avait une.

« Je n'ai jamais entendu dire que les annonces promises étaient lues depuis les chaires ; mais il ne fallut pas longtemps avant que Bob revienne, apportant avec lui cette fois ses vis, ses cordes et ses rouleaux, ses hommes et ses poutres, son cheval et son cabestan ; et enfin la vieille maison aurait pu être vue au cours de ses voyages.

« C'était une période passionnante à tous points de vue. Les sociétés ont constaté que la clôture de Jedwort lui donnait le premier droit à la maison et à la terre à moins qu'un siège régulier de la loi ne soit mis en place pour le repousser - et il se pourrait alors qu'il les batte. Certains disaient de le combattre ; certains disaient qu'il fallait le laisser tranquille, car cela ne valait pas la peine d'être poursuivi en justice ; et ainsi, comme les dirigeants ne parvenaient pas à s'entendre sur ce qu'il fallait faire, rien ne fut fait. C'était exactement ce à quoi Jedwort s'était attendu, et il riait sous silence pendant que Bob et ses garçons foutaient en l'air le vieux lieu de réunion, y mettaient leurs poutres en dessous, le posaient sur des rouleaux, le vidaient et le faisaient glisser sur le sol. les poutres étaient posées dans le champ de Jedwort , le clocher en avant, comme une locomotive sur une voie ferrée.

« C'était une période difficile pour les femmes à la maison. Maria avait déclaré que si son père persistait à voler la salle de réunion, elle ne resterait pas un seul jour après, mais suivrait Dave.

« Cela m'a beaucoup touché, car, à vrai dire, c'était plutôt Maria que sa mère qui me faisait travailler pour le vieux. « Si vous partez, dis-je, alors je n'ai aucune raison de rester ; J'irai aussi.

« C'est ce que je pensais », dit-elle ; car il n'y a aucune raison au monde pour que vous restiez. Mais ensuite Dan partira ; et qui restera-t-il pour prendre parti pour mère ? C'est ce qui me trouble. Oh, si seulement elle pouvait y aller aussi ! Mais elle ne le fera pas ; et elle ne le pourrait pas si elle le voulait, les autres enfants dépendant d'elle. Très cher! que ferons-nous ?

« La pauvre fille a posé sa tête sur mon épaule et a pleuré ; et si je devais admettre la vérité, je suppose que j'ai pleuré un peu aussi. Car où est l'homme qui peut tenir la tête d'une douce femme sur son épaule, pendant qu'elle sanglote sur son malheur, et qu'il n'a aucun pouvoir pour l'aider – qui, dis-je, ne peut rien faire, dans de telles circonstances, que de laisser tomber un une larme ou deux pour avoir de la compagnie ?

"'Pas grave; ne vous pressez pas, dit Mme Jed-wort. "Soyez patient et attendez un peu, et tout ira bien, j'en suis sûr."

« 'Oui, tu dis toujours : 'Soyez patient et attendez !', dit Maria en repoussant ses cheveux. « Mais, pour ma part, j'en ai marre d'attendre, et ma patience a lâché depuis longtemps. Nous ne pouvons pas toujours vivre de cette façon, et autant faire un changement maintenant que jamais. Mais je ne peux pas supporter l'idée de partir et de te quitter.

« Ici, les deux plus jeunes filles sont entrées ; et, voyant que pleurer était à l'ordre du jour, ils se mirent à pleurer ; et quand ils entendirent Maria parler de partir, ils déclarèrent qu'ils partiraient ; et même le petit Willie, l'enfant de quatre ans, s'est mis à hurler.

"'Là là! Marie ! Lottie ! Suzie ! » dit Mme Jedwort de son ton calme ; « Willie, tais-toi ! Je ne sais pas ce que nous devons faire ; mais je sens que quelque chose va se produire qui nous montrera la bonne voie, et nous devons attendre. Maintenant, va faire la vaisselle et préparer le fromage.

« C'était juste après le petit-déjeuner, le deuxième jour du déménagement ; et bien sûr, quelque chose comme ce qu'elle avait prophétisé s'est produit avant un autre soleil.

« L'ancienne charpente a tenu assez bien jusqu'à la nuit, lorsque le clocher a montré des signes de sécession. « Et voilà ! Elle tombe maintenant ! » chantaient les garçons qui traînaient toute la journée dans l'espoir de voir la chose tomber.

« La maison se trouvait alors à quelques mètres de l'endroit où Jedwort la voulait ; mais Bob s'est arrêté là et a dit qu'il n'était pas prudent de le transporter d'un centimètre supplémentaire. « Ce clocher va forcément s'effondrer, si nous le faisons », dit-il.

"'Pas à vue d'œil, ce n'est pas le cas ', dit Jedwort , 'Ces fissures ne le sont pas ' rien '; les j'ints sont tous fermes . Il voulait que Bob monte et examine ; mais Bob secoua la tête – l'inquiétude paraissait trop fragile. Puis il m'a dit de monter ; mais j'ai dit que je n'avais pas vécu assez longtemps et que je préférais plutôt fumer ma pipe sur *la terre ferme* . Puis les garçons se mirent à hululer. « C'est stupide si vous n'êtes pas tous des lâches », dit-il. "Je monterai moi-même."

«Nous avons attendu dehors pendant qu'il montait à l'intérieur. Les garçons sautèrent à terre pour ébranler le clocher et le faire tomber. L'un d'eux a sonné du cor – comme il disait, pour faire tomber le vieux Jéricho – et un autre a pensé qu'il pourrait aider les choses en démarrant le cheval et en donnant un petit coup de clé au bâtiment. Mais Bob a mis un terme à cela ; et enfin une tête sortit de la fenêtre du beffroi ; C'est Jedwort qui nous a crié : « Il n'y a pas un seul j'int ou un corset sorti . Démarrez le hoss et je monterai. Passez-moi cette corne, et...

« À ce moment-là, il y eut une fissuration et un relâchement des poutres ; et nous qui étions les plus proches n'avons eu que le temps de nous écarter du chemin, lorsque le clocher s'est effondré avec Jedwort dedans.

"J'espère que ça a tué les jurons", a déclaré l'un des conteurs du village.

« Pire que cela », répondit mon ami ; « Cela lui a juste brisé le crâne – pas assez pour mettre un terme à sa misérable vie, mais seulement pour lui enlever le peu de sens qu'il avait. Nous avons amené les médecins vers lui, et ils ont soigné sa tête cassée ; et, par George, cela m'a rendu fou de voir tout le bruit que les femmes faisaient à son sujet. Cela aurait été ma façon de le laisser mourir ; mais ils étaient aussi inquiets et attentifs à son égard que s'il avait été le mari le plus bon et le père le plus indulgent qui ait jamais vécu ; car c'est le style des femmes : ce sont des créatures irraisonnées.

« Vers le matin, nous avons persuadé Mme Jedwort , qui était restée éveillée toute la nuit, de s'allonger et de prendre un peu de repos, pendant que Maria et moi nous asseyions et regardions avec le vieil homme. Tout était calme, sauf nos murmures et sa respiration lourde ; il y avait une lampe allumée dans la pièce voisine ; quand tout à coup une lumière éclaira les fenêtres, et à peu près au même moment nous entendîmes un rugissement et un crépitement. Nous avons regardé dehors et avons vu la nuit toute éclairée, comme par un grand feu. Comme il semblait être de l'autre côté de la maison, nous avons couru vers la porte, et là que n'avons-nous pas vu sinon la vieille maison de réunion toute en flammes ! Certains types y avaient mis le feu pour contrarier Jedwort . Cela a dû brûler à l'intérieur depuis un certain temps ; car lorsque nous avons regardé dehors, les flammes avaient éclaté à travers le toit.

« Comme la nuit était parfaitement calme, à l'exception d'un léger vent soufflant des autres bâtiments de la place, nous n'avons donné aucune alarme, mais nous nous sommes contentés de rester devant la porte et de la voir brûler. Et ce fut pour nous un spectacle heureux, vous pouvez en être sûr. J'ai juste tenu Maria près de moi et lui ai dit que tout allait bien, que c'était la meilleure chose qui pouvait arriver. « Oh oui, dit-elle, il me semble qu'une bonne Providence brûlait son péché et sa maison hors de nos yeux.

« Je ne lui avais encore jamais rien dit au sujet du mariage, car le moment où cela viendrait ne semblait jamais venu ; mais il n'y a rien de tel qu'un peu d'excitation pour mettre les choses au point. Vous avez vu de l'eau dans un verre juste au point de congélation, mais pas vraiment capable de se décider à geler, lorsqu'un petit pot va provoquer la formation de cristaux, et en une minute ce qui était liquide est de la glace. C'est le choc des événements de cette nuit-là qui a transformé ma vie en cristaux – pas de glace, messieurs, par quelque moyen que ce soit.

« Après que l'incendie ait pris une telle ampleur que le lieu de réunion était devenu inutilisable, une alarme a probablement été donnée par ceux-là mêmes qui l'avaient déclenché, et une centaine de personnes étaient sur place avant que la chose ait fini de brûler.

» Bien sûr, ces circonstances ont mis fin à l'éclatement de la famille. Dave a été appelé et est rentré à la maison. Puis, dès que nous avons vu que le cerveau du vieil homme était blessé au point qu'il était peu probable qu'il retrouve son esprit, les garçons et moi sommes allés travailler et avons mis cette ferme dans un processus d'amélioration, cela aurait fait du bien à vos yeux. voir. Les enfants furent envoyés à l'école et Mme Jedwort avait maintenant tout l'argent qu'elle voulait pour les vêtir et pourvoir à la maison avec le confort, sans voler son propre beurre. Jedwort était un fardeau ; mais, malgré lui, c'était à peu près la famille la plus heureuse, au cours des quatre années suivantes, qui ait jamais vécu sur cette planète.

« Jedwort a rapidement retrouvé sa santé physique, mais je ne pense pas qu'il ait revu l'un de nous après sa blessure. D'après ce que j'ai pu comprendre de son état d'esprit, il pensait qu'il avait été transformé en une sorte d'animal. Il semblait enclin à me prendre pour un maître et, pendant quatre ans, il me suivit comme un chien. Pendant ce temps , il ne parlait jamais, mais se contentait de gémir et de grogner. Quand je disais : « Couche-toi », il se couchait ; et quand je sifflais, il venait.

« Je le faisais parfois travailler ; et certaines choses simples, il ferait très bien, tant que je serais là. Un jour, j'avais une botte de foin pour y entrer ; et comme les garçons étaient absents, j'ai pensé que je lui demanderais de le charger. Je l'ai lancé sur le chariot à l'endroit où il devait reposer, et je me suis tourné vers lui uniquement pour le ranger. Il s'est avéré qu'il y avait une charge plus grosse que ce à quoi je m'attendais, et plus elle montait, plus sa forme était mauvaise, jusqu'à ce que finalement, alors que je la démarrais vers la grange, elle a roulé et le vieil homme avec elle, la tête avant toute chose.

« Il a heurté un tas de pierres et, un instant, j'ai cru qu'il avait été tué. Mais il se releva d'un bond et parla pour la première fois. « *Je vais le faire sonner* », dit-il, achevant la phrase qu'il avait commencée quatre ans plus tôt, lorsqu'il avait demandé qu'on lui passe le cor.

« Je n'aurais pas pu être plus étonné si l'un des chevaux avait parlé. Mais je vis immédiatement qu'il y avait une expression sur le visage de Jedwort qui n'avait pas été là depuis sa chute dans le beffroi ; et je savais que, de même que son esprit lui avait été arraché par un coup sur la tête, un autre coup l' avait de nouveau frappé.

« 'Où est Bob ?' dit-il en regardant autour de lui.

"'Bob?' dis-je, sans penser d'abord à qui il voulait dire. Oh, Bob est mort… il est mort depuis trois ans.

« Sans prêter attention à ma réponse, il s'est exclamé : 'D'où vient tout ce foin ?' Où est la vieille maison de réunion ?

« 'Tu ne sais pas ?' dis-je. "Des coquins y ont mis le feu la nuit après que vous ayez été blessé et l'ont brûlé."

« Il semblait alors commencer tout juste à se rendre compte que quelque chose d'extraordinaire s'était produit.

« 'Stark', dit-il, 'qu'as-tu ? Vous avez changé.

« Oui, dis-je, je porte ma barbe maintenant et j'ai vieilli ! »

« 'Stupide si « ce n'est pas étrange ! » dit-il. « Stark, qu'est-ce qui m'arrive ?

« 'Vous avez eu une maison de réunion en tête pendant les quatre dernières années', dis-je ; 'c'est ça le problème.'

« Il m'a fallu du temps avant de pouvoir lui faire comprendre qu'il avait perdu la tête et que si longtemps avait été un vide pour lui.

« Puis il a dit : 'Est-ce ma ferme ?'

« 'Tu ne le sais pas ?' dis-je.

« Il a l'air plus soigné que jamais auparavant », dit-il.

« 'Oui', dis-je ; « et vous trouverez tout le reste sur place à peu près de la même manière.

« 'Où est Dave ?' dit-il.

« 'Dave est allé en ville pour voir comment vendre la laine.'

« 'Où est Dan ?'

« 'Dan est à l'université. Il prend une grande idée de la médecine ; et nous allons en faire un médecin.

« 'À qui est cette maison?' dit-il alors que je le ramenais chez moi.

« Pas étonnant que vous ne le sachiez pas », dis-je. « Il a été peint, recouvert de bardeaux et de nouveaux stores ont été posés ; les portails et les clôtures sont tous en parfait état ; et c'est une nouvelle grange que nous avons construite il y a quelques années.

« 'D'où vient l'argent nécessaire pour réaliser toutes ces améliorations ?'

« Cela tombe à l'eau, dis-je. Nous ne nous sommes pas endettés du premier centime pour quoi que ce soit, mais nous avons rendu la ferme plus rentable qu'elle ne l'a jamais été. »

« 'C'est *ma* maison ?' répéta-t-il avec étonnement alors que nous nous en approchions. « Quel son est-ce ? »

« C'est Lottie qui pratique sa leçon de piano. »

« 'Un pianiste chez moi ?' il murmura. "Je ne peux pas supporter ça !" Il a écouté. « Ça a l'air dégoûtant , cependant ! »

« 'Oui, ça a l'air joli, et je suppose que vous l'aimerez. Comment cet endroit vous convient-il ?'

"'Il *semble* caca .' Il a commencé. « De quelle jeune femme s'agit-il ?

«C'était Lottie, qui avait laissé sa musique et se tenait près de la fenêtre.

« Mon ami ! tu ne dis pas! C'est stupide si ce n'est pas une très gentille fille.

« 'Oui', dis-je ; 'elle tient de sa mère.'

«À ce moment-là, Susie, qui entendait parler, a couru vers la porte.

« 'Qui est-ce déjà ?' dit Jedwort .

"Je lui ai dit.

« 'Wal, *c'est* une très jolie fille !'

« 'Oui', dis-je, elle tient de sa mère.'

« Le petit Willie, maintenant âgé de huit ans, est sorti du bûcher avec un arc et des flèches à la main et a regardé comme un hibou en entendant son père parler.

« 'Quel garçon est-ce ?' dit Jedwort . Et quand je lui ai dit, il a murmuré : "C'est un sale gosse !"

« Il ressemble plus à son père », dis-je.

« La vérité est que Willie était un si bon garçon que le vieil homme avait peur de le féliciter, de peur que je dise de lui, comme je l'avais dit des filles, qu'il favorisait sa mère.

« Susie est revenue en courant et a donné l'alarme ; et puis sont sorties maman et Maria avec son bébé dans ses bras, car j'ai oublié de te dire que nous étions mariés depuis bientôt deux ans.

« Eh bien, les femmes étaient aussi étonnées que moi lorsque Jedwort a parlé pour la première fois, et bien plus ravies. Ils l'entraînèrent dans la maison ; et je dois dire qu'il s'est remarquablement bien comporté. Il ne cessait de regarder sa femme, ses enfants et son petit-fils, le nouveau papier sur les murs et les nouveaux meubles, et de temps en temps il posait une question ou faisait une remarque.

« 'Tout me revient maintenant', dit-il enfin. « Je pensais vivre sur la lune, avec une race humaine supérieure ; et c'est ici l'endroit, et vous êtes le peuple.

« Il ne fallut pas plus de deux jours avant qu'il commence à fouiller, à trouver des fautes et à se plaindre des dépenses ; et j'ai vu qu'il y avait un danger que les choses retombent dans quelque chose comme leur état antérieur. Alors je l'ai pris à part et je lui ai parlé.

« ' Jedwort ', dis-je, 'tu es comme un homme ressuscité de la tombe. Vos voisins vous ont enterré comme vous l'avez enterré, et maintenant ils viennent vous regarder comme ils regarderaient un mort ressuscité. Pour vous, c'est comme entrer dans un nouveau monde, et je vous laisse le soin maintenant, si vous n'aimez pas plutôt le changement de l'ancien état de choses à ce que vous voyez autour de vous aujourd'hui. Vous avez vu comment vont les affaires de famille, comme tout est agréable et comme nous nous amusons tous. Vous entendez le piano et vous l'aimez ; vous voyez vos enfants recherchés et respectés, votre femme dans une meilleure santé et un meilleur moral que vous ne l'avez jamais connue depuis le jour de son mariage ; on voit de l'industrie et de la propreté partout dans les locaux ; et tu es une bête si tu n'aimes pas tout ça. Bref, vous voyez que notre gestion est bien meilleure que la vôtre ; et que nous vous battons même en matière d'économie. Maintenant, ce que je veux savoir, c'est ceci : si vous pensez que vous aimeriez tomber dans notre façon de vivre, ou retourner comme un porc dans votre vautour.

« 'Je ne dis pas mais qu'est-ce que j'aime très bien ta façon de vivre ', grommela-t-il.

« « Alors, dis-je, vous devez simplement nous laisser avancer, comme nous l'avons fait. Il est maintenant temps pour vous de faire demi-tour et d'être un homme respectable, comme vos voisins. Admettez-le simplement et dites que vous avez non seulement perdu la tête au cours des quatre dernières années, mais que vous avez été plus ou moins fou au cours des vingt-quatre dernières années. Mais dites que vous êtes sain d'esprit maintenant et prouvez-le en agissant comme un homme sain d'esprit. Faites cela, et je suis avec vous ; nous sommes tous avec vous. Mais retournez à vos anciennes habitudes sales et partez seul. Maintenant, je ne te laisserai pas partir tant que tu ne me diras pas ce que tu comptes faire.

« Il a hésité un moment, puis a dit : 'Peut-être que tu as raison, Stark ; toi, Dave et la vieille femme semblez bien faire caca , et je suppose que je vais vous laisser continuer.

Ici, mon ami s'arrêta, comme si son histoire était terminée ; » Quand l'un des villageois a demandé : « À propos du terrain où se trouvait l'ancienne maison de réunion , qu'en a-t-on fait ?

« Cela a été affecté à une nouvelle école ; et là, mes petits rasoirs vont à l'école.

"Et le vieux Jedwort , est-il encore en vie ?"

« Jedwort et sa femme sont partis dans ce pays où la méchanceté et la malhonnêteté ont très peu de chance – où les seuls investissements qui valent beaucoup sont ceux enregistrés dans le Livre de Vie. Mme Jedwort était riche de ce genre de fonds ; et le récit de Jedwort , je suppose, se comparera favorablement à celui de certaines personnes respectables, comme nous le savons tous. Je vous le dis, mes amis, continua mon compagnon de voyage, il y a beaucoup d'hommes, tant dans les rangs supérieurs que inférieurs de la vie, qui « feraient beaucoup de bien, sans rien dire de miséricorde », qui seraient à leur disposition . familles, juste pour les frapper à la tête et en faire des Nebu-chadnezzars - puis , après qu'ils aient été jetés à l'herbe pendant quelques années, qu'ils reviennent et voient à quel point les gens ont été heureux, et comme ils s'en sortent bien sans eux .

"Je conserve l'ancien endroit maintenant", a-t-il ajouté. « Les plus jeunes filles sont mariées ; Dan est médecin dans le Village Nord ; et quant à Dave, lui et moi avons frappé ile . Je vais maintenant voir notre propriété.